Thèse

POUR LA LICENCE.

L'Acte-public sur les matières ci-après sera soutenu,
le jeudi 29 mars 1855, à neuf heures,

Par Charles-Félix-Hyacinthe GOUHIER DE CHARENCEY, né à Paris.

Président : M. VUATRIN, Professeur.

Suffragants :
MM. DEMANTE,
OUDOT,
FERRY,
DEMANGEAT,

Professeurs.

Suppléants.

*Le Candidat répondra en outre aux questions qui lui seront faites
sur les autres matières de l'enseignement.*

PARIS.

VINCHON, FILS ET SUCCESSEUR DE Mme Ve BALLARD,
Imprimeur de la Faculté de Droit,
RUE J.-J. ROUSSEAU, 8.

1855.

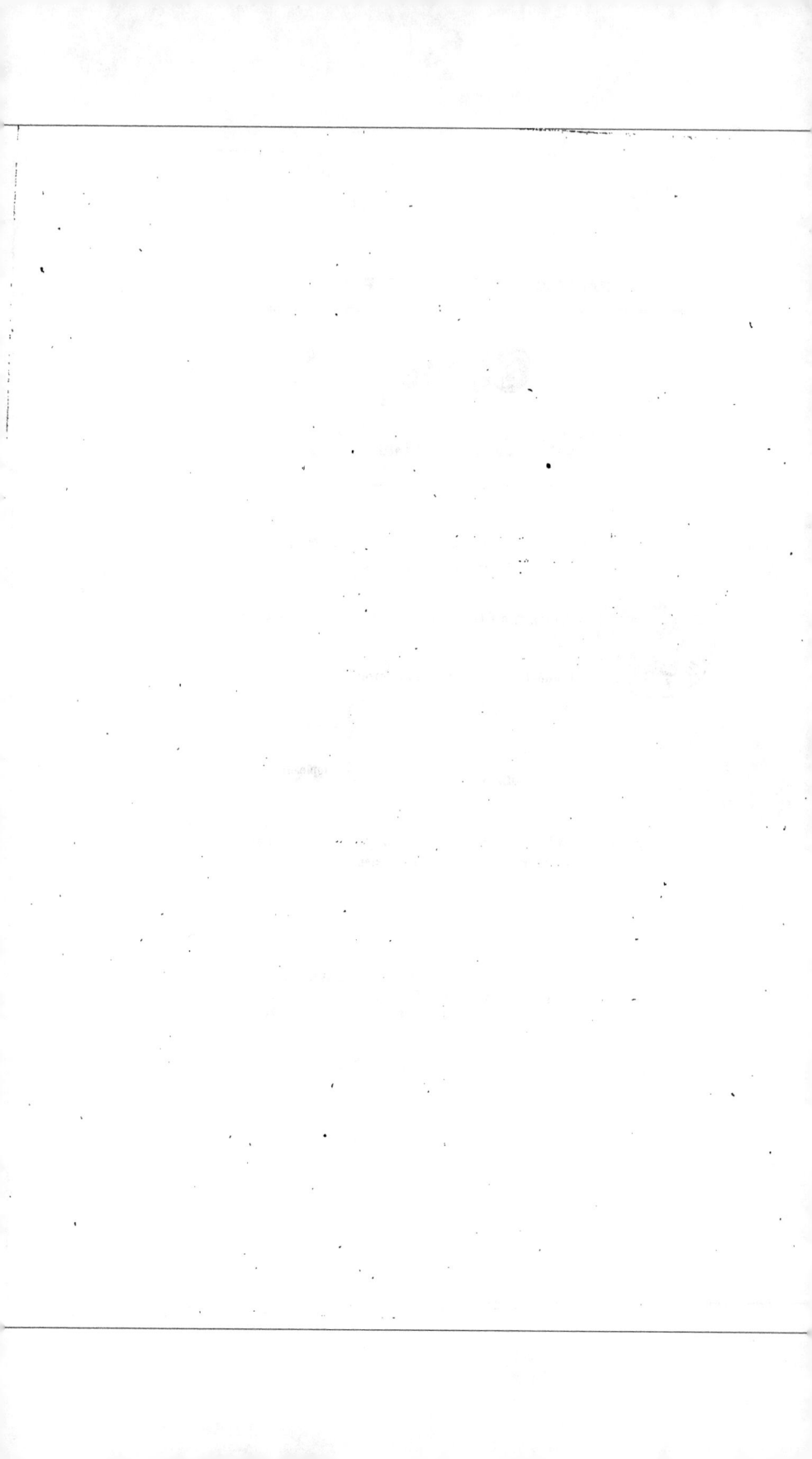

A MON PÈRE, À MA MÈRE.

———

A MON GRAND-PÈRE.

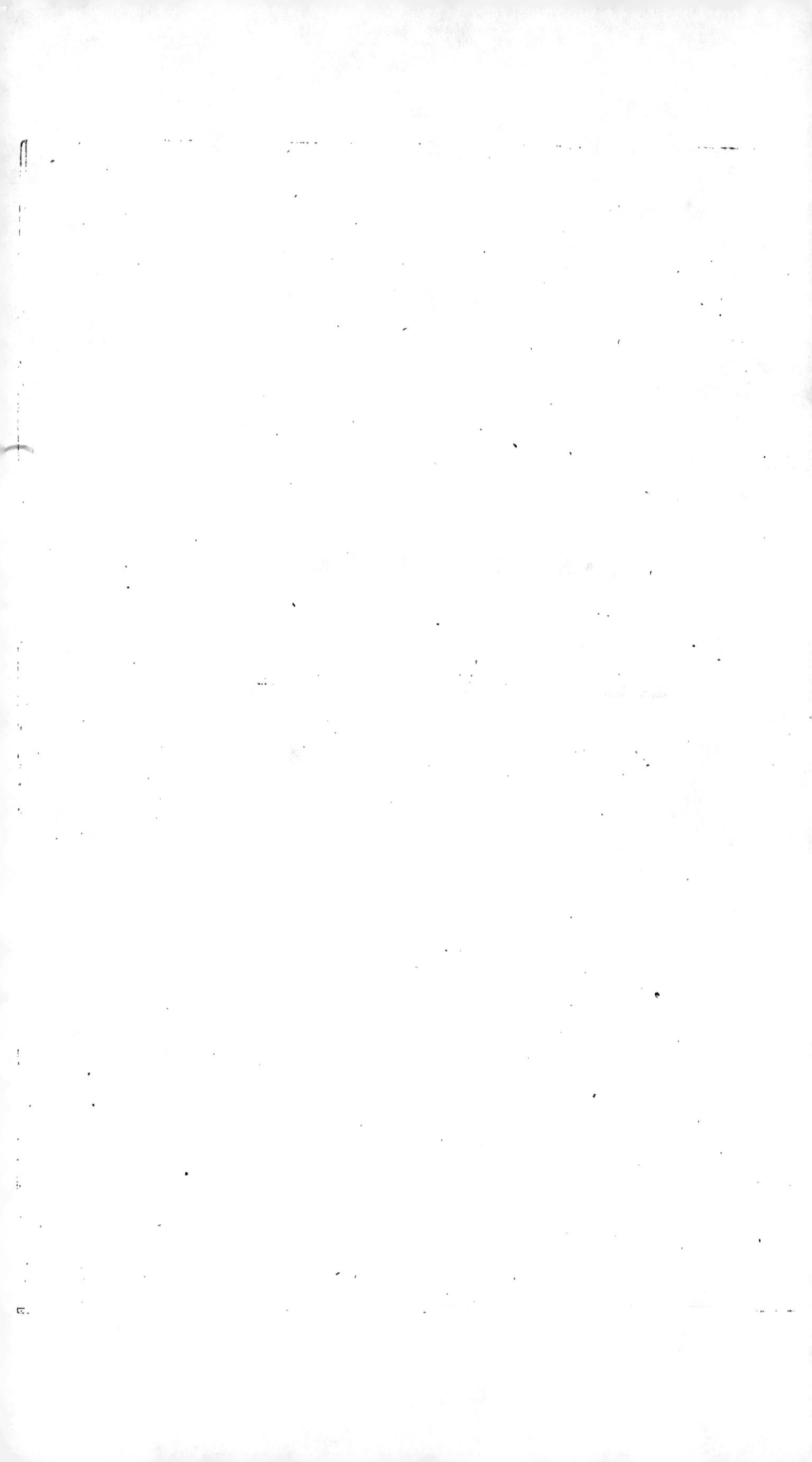

JUS ROMANUM.

PRO SOCIO.

(Dig., xvii, 2.)

Societas contractus est quo duo pluresve operam vel rem in medio conferunt, lucri faciendi gratia.

Hic titulus in quatuor partitur sectionibus. Prima ipsius de natura societatis loquemur ; secunda de variis speciebus societatis ; tertia autem quem sit istius modi contractus effectum videbimus ; quarta quibus modis societas solvatur.

SECTIO I.

De natura societatis.

Societas contractus est bonæ fidei, juris gentium. Nudo consensu coïtur nosque mutua constringit obligatione.

Ex hinc sequitur, societatem fraudandi causa dolove malo incohatam nullam esse.

Nudus consensus ad perficiendam societatem sufficit et quamvis aut per litteras aut per nuncium coïri possit, in his nihil præter consensus argumentum, aspiciendum est.

Contractui quoque leges licet adjicere circa tempus quod duratura sit societas vel quo incipiet aut finietur.

Societas enim in perpetuum, id est quamdiu vivunt omnes socii, coïri potest. In æternum, id est etiam post mortem consistere nequit.

Ad tempus quoque vel ex tempore incohari potest. An tamen sub conditione societatem aggredi liceat, in dubio diutissime fuit. Hoc autem licere postea decretum est.

Abs expenso communique emolumento societas intelligi non potest. Non autem necesse est omnes socii idem genus expensi conferre. In medio enim res vel pecuniam industriamve, aut laborem pro expenso conferre possumus.

Etsi tantummodo te postea expensum in communi collaturum promiseris neque statim contuleris, ex nunc tamen societas valere incipit.

Quod ex furto aliove delicto quæsitum fuerit, in medio conferri non oportet. Nulla enim est maleficiorum societas.

Si tamen collatum fuerit, commune erit lucrum neque aliter recipere socius poterit quam si condemnatio adversus eum intervenerit.

Donatio, cum societatis sub specie simulata fuerit, neque pro societate valebit neque pro donato, nisi donatio necessitate insinuationis exempta sit.

Societas quæ leonina dicitur, qua unum ex sociis detrimentum tantummodo, alterum autem tantum questus sensurum convenitur, convalescere non potest.

Societatem ita contrahi nequit, ut aliam socius damni partem, aliam lucri sentiat; haud enim questus intelligitur nisi omni damno deducto, neque detrimentum, nisi omni lucro remoto.

Hoc attamen constituere licet : socium quamdam partem

damni auferre omni lucro deducto, certamve questuum partem, omni damno excepto.

Coïri etiam eo modo licet ut socius partem damni nullam sentiat, questus vero in communi redigantur, dummodo tamen tanti sit industria quanti pecunia est.

Quum ad societatis substantiam requiratur in singulis contrahentibus, animus lucri in commune faciendi, hinc liquet quod in pluribus negotiis, ut dignoscatur an societas contracta sit ; animus quem partes habuerunt explorandus sit.

Quum fundus, verbi gratia, duobus vicinis conjunctus venalis esset, alter ex his alterum rogaverat ut fundum emeret et partem postea cederet quæ sibi conjuncta erat ; postea autem ipse fundum mercatus est, vicino ignorante, quærebatur an societatis judicio conveniri posset ?

Distinguendum erit, utrum in mente partium fuerit, societatem contrahere et in medio emolumentum conferre ex emptione profluens, an si solum actum sit ut fundum vicinus emeret et mecum communicaret.

Item respondendum erit, quum, verbi gratia, margaritas tibi vendendas tradidero, ea conditione, ut si illas decem aureos vendideris, omne pretium mihi restituendum fore, si autem pluris, quidquid excedet tibi erit. Si istud in animo habuerimus societatem inire, pro socio erit ; si contra, præscriptis verbis.

SECTIO II.

De variis societatum speciebus.

Duæ sunt species societatum quæ in universo coïtæ sunt : societas totorum bonorum, societasque earum quæ ex questu veniunt.

De societate bonorum totorum. — Hoc in genere societatis, quidquid sociorum nunc est et quidquid in futurum acquisitum erit, statim in medio confertur. Idem quoque de aere alieno dicendum est.

De societate earum quæ ex questu veniunt. — Questus intelligitur, quidquid de cujusque opera descendit. Stipendia quoque et salaria pro questu existimanda sunt.

Fratres quum voluntario societatem fuerint ingressi, salaria quoque et stipendia societatis judicium complecti debet, quamvis filius emancipatus hæc non cogatur conferre, fratri in potestate manenti, quia etsi in potestate maneret, præcipua ea haberet.

Si dubium sit quam societatem coïre partes voluerint, decernendum est eas de societate questuum sensisse.

De societatibus quæ singulariter constitutæ sunt. — Tria sunt harum societatum genera: societas negotiationis alicujus, societas vectigalium, societas unius rei.

Societas unius negotiationis ea est, quæ ad negotium perficiendum incóhatur, quo perfecto solvitur.

De societate certarum rerum vel unius rei. — Hæc societas incohatur, verbi gratia, unius fundi emendi causa, ac illo empto statim solvitur.

De societate vectigalium. — Hæc ultima societatis species a præcedentibus hoc modo differt, quod unius ex sociis morte non solvitur, sed manet inter superstites ac quum ita decretum sit, socii heredem sicut socium accipiat.

In societate unius rei, sicut et in societate unius negotiationis, damnum lucrumve ex ea re tantum profluens, in medio redigitur.

Si igitur fratres parentum hereditatem indivisam retinere voluerint, ut lucrum damnumque in medio conferantur, quod quisque eorum aliunde quæsierit in medio non ingredietur.

SECTIO III.

De societatis effectibus.

§ 1. — De sociorum jure ac obligationibus.

Omnes socii ad id obligantur, ut quidquid promiserunt, in medium conferant.

Id autem in societate totorum bonorum peculiare est, ut omnes res quæ coentium sunt continuo communicentur, quia licet traditio non interveniat, tacita tamen creditur intervenire.

Quod sociis post societatem contractam acquiritur, non ipso jure in medio cadit; quisque autem sociorum hoc in medio transferre debet et ideo dicitur quidquid acquisieris ex quo societas inita est, ad te pertinere, non ad societatem; actione tamen pro socio rem communicare teneberis. Et quoquo modo lucrum consecutus fueris, referre oportebit, idque intelligendum erit de his quæ ob injuriam tibi factam obtinueris, legemve Aquiliam, seu tui ipsius, seu filii corpori nocitum fuerit.

Hereditas quoque, legatum aut donatio, in communi redigenda sunt.

Dos autem, quum socius ab uxore perceperit, societati tantummodo adquiritur, ut matrimonii onera sustineat.

Et si post solutum matrimonium, societas maneat, dotem eo tempore referre poteris, quo reddenda erit.

Si autem quum solvitur societas maritus dotis aliquam tantummodo nullamve partem, restituere debeat, quidquid non restituendum erit inter socios a judice dividetur.

His in societatibus quæ singulariter constituuntur, si pecuniam resve ad negotiationem destinaveris, communes non fiunt priusquam reipsa collatæ sint.

Si igitur ad mercedes emendas ego et socius pecuniam destinassemus, meumque expensum periisset, cui summa perierit, quæritur?

Hoc respondi decet: si pecunia dilabitur ex eo tempore quo collata fuerat ac nisi societas coïretur pereundum ei futurum non fuisset, societati amittitur; sin autem prius quam in medio communicata fuerit, nihil repetere ex ea mihi licebit, quia societati pecunia non periit.

Quod autem exemplo sequenti facile intelligendum erit: quûm tres equos haberes et ego unum, quadrigam te venditurum et mihi quartam pretii partem redditurum convenimus; si igitur ante venditionem equus meus mortuus est, societas solvitur nec quidquid de pretio tuorum vindicare possum.

Haud enim de quadriga habenda, sed vendenda convenimus. Si contra id actum dicetur, ut quadriga fieret, eaque communicaretur, et in ea tres partes haberes, ego quartam, haud dubie societas est inita. Quidquid ex istius modi negotiatione oritur, societatis statim adquiritur, non autem quid sociis aliunde provenit.

Eas res quas complectitur societas vidimus, nunc autem de oneribus aspiciendum est. In societate universorum bonorum statim ingrediuntur cujusque socii onera; nemo enim bona habere intelligitur nisi omni ære alieno deducto, et hoc dicendum est de his quæ necessario ad sui vel familiæ usum erogare cogitur.

Ex hinc manifestum est, quidquid in honorem alterius liberorum impensum fuerit societati oneri esse.

Et idem de dotibus dicendum est filiabus constitutis, quæ enim ex necessitate dantur.

Filiæ autem, matrimonio divortio soluto, dos cum oneribus recuperanda erit, id est secundum ut ad maritum perveniat.

Societates quæ non sunt universorum bonorum, ea tantum modo sustinere debent quæ ad rem vel negotium spectant.

Quod autem in nominibus erat, in eodem statu permanet, sed actiones socii invicem præstare coguntur.

Si quis sociorum dolo tuo læsus fuerit, actione pro socio tecum agere poterit.

Utrum igitur socium, dolum modo, an et culpam præstare debeat quæritur et responsum est, culpam quoque præstare oportere; quidquid mali feceris vel omiseris culpæ nomine præstandum erit.

Non ad culpam æstimandam exactissima diligentia exigitur, sed ea tantum quam propriis rebus soles adhibere. Quum enim lucrum in commune sit conferendum, causam habes gerendi.

Quæ autem fataliter accidunt, neque impediri ullo modo possunt, oneri tibi non erunt.

Ex societate oritur quod competit unicuique sociorum adversus cæteros.

Quamdiu alio jubente societas inita fuerit, vel cum illius filio, vel cum extranea persona directe adversus eum agi potest cum quo societatem inire tibi fuit in consilio.

Actioni pro socio maxime locus est dissoluta societate, quia enim totius negotii rationem exigit.

Attamen, societate manente, pro socio agi potest ut mihi communem rem fruendam socius præbeat.

Quum fundus in communi fuerit emptus, pro socio quoque agendum erit ne luminibus officiatur.

Illud certum est hoc judicium sufficere, plures quum societates inter easdem personas initæ fuerint.

Socio id a societate debetur quod pro ea fuerit impensum.

Quum dissoluta societate socius ad rem communem, impensas fecerit, societatis judicio non oportet eas repeti. Hæc enim ad societatem facta non sunt. Actio tamen communi dividundo ei competet indemnis ut fiat; quamvis enim societas amplius non exstiteret, res tamem communes dividundæ manebunt.

Socio a societate debetur non id tantum quod ab eo impensum fuerit, sed ea quoque quæ in causam societatis promiserit ac quum statim præsenti die ex hac causa debeat, judicio consequitur, ut id quod debeat in commune solvatur.

Omne quod societate contractum est, de communi solvendum est et si societas diruta sit. Quod igitur sub conditione promissum est, solvendum erit quamvis conditio dissoluta societate impleatur.

Si igitur interim societas dirimatur, cautiones adhibendæ sunt.

Ex societate tantum oritur actio pro socio.

Negotium autem abs societate, communiter gerere possumus, ut puta communionem quum nullo societatis animo fuerimus ingressi.

Quum societas coïta sit, si ex continenti pacta subsecuta sunt, valebunt et actioni pro socio locus erit, quod in omnibus bonæ fidei contractibus receptum est.

Etsi omnia bona societas non complectatur ac pro uno negotio tantum incohata sit, quisque tamen sociorum ad id quod facere potest tantum condemnari debet.

Hoc autem beneficio non gaudet qui socium se esse negat.

Beneficium personale est nec ad fidejussorem competit nisi socii defensor exstiterit. Ad socii patrem dominumve qui jussu eorum contraxerit, non pertinet.

Ex eo beneficio æs alienum deduci non oportet, nisi ex ipsa societate debeatur. Tempus autem spectamus, quantum facere socius possit, rei judicandæ.

Ille autem qui dolo facere posse desiit, hoc beneficio non gaudet.

Qui occasione acquirendi non utitur non fecisse videtur quominus possit.

Ipsa quoque cautio, hoc in judicio venit ejus quod socius facere non potest.

Socius cuilibet transferre potest portionem quam in re communi habet; etsi vero societas totorum bonorum coïta sit, plus quam partem suam alienare non poterit.

In re communi, nemo sociorum, invito altero, quicquam facere potest.

Socius qui cum alia persona contraxerit, solus tenebitur, quum omnes contractum inierint, quisque tenebitur pro parte.

Socius sociis suis alterum sine eorum consensu adjungere non potest.

Et ideo socius qui admittitur, ei tantum socius est qui admisit et quidquid fuerit de hac societate consecutus, cum illo qui eum adsumpsit communicandum est.

Sed factum ejus præstabitur societati, id est aget socius et societati præstabit quod fuerit consecutus.

E contrario factum quoque sociorum debet ei præstare sicuti suum, quia ipse adversus eos habet actionem.

Si socius quædam negligenter in societate egisset, in plerisque autem societatem auxisset, non compensatur compendium cum negligentia.

§ 2. — De partibus constituendis.

Quatuor species aspiciendæ sunt : 1° si tacuerint socii; 2° si conventio intersit; 3° si in una causa conventum fuerit; 4° si per aliam personam partes statutæ sint.

1° Quum socii partes societati non adjecerint, constat eas æquales esse, seu quis plus, seu minus contulerit.

2° Si conventio intervenerit, observanda est, si vero placuerit ut quis duas partes vel tres habeat, alius unam an valeat?

Placet valere, si modo quid plus contulit societati, vel pecuniæ, vel operæ, vel cujuscumque alterius rei.

3° Si in una tantum causa, conventio intervenerit, in alia quoque observanda erit.

4° Si hæc lex prælata fuerit in contrahenda societate ut sit in arbitrio alicujus quam quisque partem habiturus sit, distinguendum erit utrum hæc persona nominatim designata sit an non? Si enim societas coïta sit ex his quæ Titius arbitratus fuerit ac priusquam arbitraretur, defunctus sit; societatem nullam inchoatam intelligitur.

Si arbitri judicium ita pravum est ut iniquitas ejus appareat, bonæ fidei judicio corrigi potest.

Non solum in extranei arbitrio, sed etiam unius socii, tanquam boni viri poni potest quam partem in societate quisque laturus sit.

SECTIO. IV.

Quibus modis solvitur societas.

Societas solvitur :

1° Morte. Quod autem ex re post mortem quæsitum est, tam ab herede quam heredi præstandum erit.

Societas vectigalium nihilominus manet post mortem alicujus, etsi pars defuncti ad personam heredis ejus adscripta sit, heredi conferri oportet.

2° Maxima et minori capitis minutione.

3° Publicatione, quum sit totorum bonorum.

4° Rei interitu, quum aut nulla relinquitur aut conditionem mutavit.

Bonis a creditoribus venditis, unius socii societas distrahitur.

5° **Renuntiatione.** Et omnium et unius socii voluntas sufficit : in societate enim nemo compellitur invitus retineri. Attamen bona fide renuntiandum est. Et igitur si mala fide renuntiatum est, socios socius a se liberabit, se autem ab illis non liberabit.

Renuntiatio debet tempestive fieri. Per alios autem renuntiare licet, seu administratore omnium bonorum, seu etiam mandatore. Et soli socii et ejus procuratori renuntiari potest.

Sed et si convenit ne intra certum tempus abeatur, renuntiari tamen potest, si conditio qua societas erat coïta ei non praestatur, aut si ita damnosus sit socius ut non expediat eum pati.

Societate soluta, divisioni rerum communium locus est, praeter quam cuique socio, actioni communi dividundo locus est.

Complectitur hoc judicium non solum rerum divisionem, sed etiam praestationes personales ; si quid in rebus communibus damni datum factumve est, vel quid abest alicui sociorum, ex re communi actione pro socio repeti poterit.

Actio pro socio saepe concurrit cum actione communi dividundo, actioneve legis Aquiliae, cum furti actione ac condictione furtiva.

Non veniunt autem in hac actione nomina et ideo actioni pro socio locus erit.

THESES.

I. Si non fuerint partes societati adjectae, aequales pro numero sociorum eas esse constat.

II. Lex XVI, § 1, et lex XVII, pr., *pro socio*, conciliari pos-

sunt nec jurisconsultum Paulum ab Ulpiano dissentire dicer
dum est.

III. Socius qui pecunia communi usus est, usuras præstar
debet, nec requiritur ut in ea reddenda moram fecerit.

IV. Lex **LXIII**, *pro socio*, et lex **XVI**, *de re judicata*, conci
liari non possunt.

V. Si unus ex sociis qui non totorum bonorum socii erar
communem pecuniam fœneraverit usurasque perceperit, er
partiri non debet si suo nomine fœneraverit, nec obst
lex **LXIII**, *pro socio*.

DROIT FRANÇAIS.

DU CONTRAT DE MARIAGE ET DES DROITS RESPECTIFS DES ÉPOUX.

1° DISPOSITIONS GÉNÉRALES.

2° COMMUNAUTÉ CONVENTIONNELLE.

(Code Nap., art. 1387-1398, 1497-1528. Code comm., art. 67-68. Loi du 10 juillet 1850.)

DISPOSITIONS GÉNÉRALES.

Le contrat de mariage est la convention par laquelle les futurs époux règlent leurs intérêts pécuniaires.

Cette convention est toujours faite sous la condition qu'un mariage valable sera célébré. Si donc le mariage n'a pas lieu ou s'il est annulé, elle est à considérer comme non avenue.

Les époux, du reste, ne sont nullement dans la nécessité de faire un contrat de mariage; à défaut, en effet, d'un pareil contrat, la loi se charge elle-même de régler leurs intérêts pécuniaires, et trace les différentes règles du régime auquel ils seront soumis

A l'époque de la Révolution, deux systèmes principaux d
contrats de mariage se partageaient la France. Le premier, ap
pelé régime dotal, était répandu dans la plupart des pays d
droit écrit. Sous son empire, les biens de la femme étaient di
visés en dotaux et paraphernaux.

Il n'y avait de convention entre les époux, qu'en vertu d
convention spéciale. Ce régime tirait sa source de la législa
tion romaine.

Le second, appelé régime de communauté, d'origine pure
ment germanique, dominait dans les pays coutumiers. Il établis
sait de plein droit, par le seul fait du mariage, une société d
biens dont les effets n'étaient pas réglés d'une manière uni
forme dans toutes les coutumes. La plupart, en effet, et notam
ment celle de Paris, ne soumettaient les époux au régime d
la communauté coutumière qu'à défaut de conventions spécia
les de leur part. Elle leur laissait même la liberté de s'y sous
traire entièrement.

Les conventions qui avaient pour objet de rejeter toute com
munauté, étaient la cause d'exclusion de communauté et cell
de séparation de biens.

Le premier de ces régimes se rapprochait de celui qui régis
sait, en droit romain, la fortune des époux, lorsque tous le
biens de la femme se trouvaient dotaux. Il n'y avait qu'un
seule différence essentielle ; les immeubles de la femme marié
sous le régime exclusif de communauté, n'étaient pas, comm
ceux de la femme mariée sous le régime dotal, frappés d'inalié
nabilité.

Le second ressemblait au régime romain, alors que tous le
biens de la femme étaient paraphernaux.

La grande influence qu'exerçait à cette époque, la coutume de Paris, détermina les rédacteurs du Code à l'adopter comme régime légal de toute la France. Ils y apportèrent, toutefois, quelques légères modifications.

Ils ont tracé, en outre, les règles de certains régimes plus ou moins usités en diverses parties de la France, et notamment du régime dotal, qui formait le droit commun des contrées méridionales. Il n'était pas question, toutefois, de ce dernier régime, dans le projet de Code, mais ce silence souleva de vives réclamations dans les pays de droit écrit, où l'on crut voir chez les rédacteurs du projet, l'intention de supprimer le régime dotal.

Ce fut pour dissiper ces craintes, que le conseil d'Etat se détermina à consacrer un chapitre spécial au régime dotal, tout en érigeant celui de communauté en droit commun de la France.

§ 2. — Des personnes capables de faire un contrat de mariage.

Les conditions requises pour pouvoir faire un contrat de mariage sont subordonnées à la capacité de se marier.

Ainsi le mineur âgé de dix-huit ans révolus, la femme de quinze, pourront, avec l'assistance des personnes dont le consentement est requis pour la validité de leur mariage, faire les mêmes conventions que pourrait faire un majeur de vingt-un ans.

Néanmoins, par exception à cette règle, la fille mineure, même dûment autorisée, ne peut consentir la restriction de son hypothèque légale.

Celui des époux qui aurait consenti des conventions désavantageuses, sans avoir l'âge compétent, ou obtenu dispense, ne serait point lié par ces conventions, bien qu'il les eût faites

avec l'assistance de ceux dont le consentement était requis e
bien que le mariage eût été célébré à l'âge compétent ou que l
nullité primitive eût été couverte.

Le mineur habile à contracter mariage, et dûment auto-
risé, ne peut demander rescision des conventions matrimoniales pour cause de lésion.

Toute personne ayant capacité suffisante pour se marier, n'es
pas, par cela même, capable de disposer de ses biens par contrat de mariage ; ainsi, la personne pourvue d'un conseil judi
ciaire ne peut faire, sans l'assistance de son conseil, de
donations au profit de son futur époux, bien qu'elle puisse s
marier sans l'assistance de ce conseil.

Le mineur qui n'a pas d'ascendants, doit être assisté de so
conseil de famille, mais il n'est pas nécessaire qu'il en soi
assisté au contrat. Il suffit d'un acte où sont détaillées les con
ventions auxquelles adhère le conseil. Les conventions matrimoniales des étrangers mariés en France ou des Français marié
à l'étranger devront recevoir leur exécution, toutes les foi
qu'elles ne contiennent rien de contraire aux bonnes mœur
ni aux lois du pays.

§ 3. — De la forme du contrat de mariage, et de l'époque à laquelle il peut être fait.

Le contrat de mariage doit, à peine de nullité des conven
tions arrêtées entre les futurs époux eux-mêmes qu'à l'égar
des tiers, être constaté par un acte notarié, revêtu des forma
lités prescrites par la loi.

Serait assimilé à un acte notarié, l'acte sous seing privé, dé
posé chez le notaire, lorsque le dépôt a été fait par toutes le
parties ou qu'il se trouve constaté par acte notarié contenan
mention que les parties ont reçu lecture de leurs convention
et qu'elles ont déclaré y persister.

Si l'un des époux est commerçant, l'art. 67 du Code de commerce prescrit, dans l'intérêt des tiers, la publicité du contrat ; à cet effet, ce contrat devra être transmis par extrait, dans le mois de sa date, aux greffes et chambres désignées par l'art. 872, C. pr., pour être exposé au tableau conformément à cet article. Le notaire qui aura reçu le contrat de mariage sera tenu d'en faire la remise sous peine de cent francs d'amende et même de destitution et responsabilité envers les créanciers, s'il est prouvé que l'omission soit la suite d'une collusion. C'est par des motifs analogues que la loi du 10 juillet 1850 a établi d'une manière générale, et alors même qu'aucun des époux ne serait commerçant, certaines mesures propres à donner aux tiers qui traiteraient avec les époux, le moyen de savoir s'ils ont fait un contrat de mariage, et quelles en sont les clauses. Elle ordonne en conséquence, au notaire qui dresse le contrat, de délivrer aux parties, un certificat, énonçant ses noms et lieux de résidence, les noms, prénoms, qualités des futurs époux, ainsi que de la date du contrat.

Ce certificat est remis par les parties à l'officier de l'état civil, au moment de la célébration du mariage, sur l'interpellation qui leur en est faite ainsi qu'aux personnes qui autorisent le mariage, si elles sont présentes, d'avoir à déclarer s'il a été fait ou non un contrat de mariage. Ce certificat sera relaté dans l'acte de célébration, sous peine d'amende contre l'officier de l'état civil.

En cas d'omission ou d'erreur, la rectification de l'acte pourra être demandée par le procureur impérial, sans préjudice du droit des parties intéressées, conformément à l'art. 99, C. N. Si l'acte de célébration du mariage, porte que les époux se sont mariés sans contrat, la femme sera réputée, à l'égard des tiers, capable de contracter dans les termes du droit com-

mun, à moins que dans l'acte qui contient son engagement, ⟨
n'ait déclaré avoir fait un contrat de mariage.

Le contrat de mariage doit à peine de nullité, être fait av
la célébration du mariage, afin que les parties soient dans ⟨
position d'indépendance et de parfaite liberté, l'une vis-à-⟨
de l'autre. Toute modification introduite à partir de cette é
que est par là même frappée de nullité.

Cette prohibition s'étend aux donations contenus dans le c
trat de mariage et s'applique non-seulement aux changem⟨
que voudraient faire les époux-entre eux, mais encore à c
que ferait l'un des époux avec les tiers qui auraient été par
au contrat. Elle se doit aussi appliquer aux actes par lesq⟨
les parties déclareraient simplement vouloir fixer le sens
quelque clause ambiguë. Les conjoints conservent néanm⟨
le droit de se faire réciproquement et de recevoir des disp⟨
tions à titre gratuit dont l'exécution ne serait pas contraire
clauses matrimoniales.

Tant que le mariage n'est pas célébré, le contrat peut-⟨
modifié. Tout changement est soumis aux conditions ⟨
vantes :

1° Il doit être fait dans la même forme que le projet mod⟨
Là présence du même notaire et des mêmes témoins n'es⟨
pendant pas exigée.

2° Il aura lieu en la présence et avec le consentement si⟨
tané de toutes les personnes qui avaient été parties au co⟨
primitif ;

3° Il devra être inscrit à la suite de la minute de l'acte⟨
constate le premier contrat ;

4° Toute expédition du contrat modifié, que délivre le not⟨
contiendra mention du changement. Le défaut de l'une⟨
deux premières formalités rend le changement nu⟨

omnes. Le défaut d'inscription de la minute n'infirme le changement qu'à l'égard des tiers.

La quatrième condition regarde uniquement la responsabilité du notaire.

Sont parties au contrat de mariage, les personnes seulement sans lesquelles les conventions n'auraient pu être valablement stipulées, c'est-à-dire : 1° les futurs ; 2° les donateurs ascendants et étrangers ; 3° les ascendants, donateurs ou non, lorsque l'enfant est mineur de vingt-un ans.

Lorsqu'un de ceux qui ont figuré au premier contrat ne figure pas à la contre-lettre, il faut examiner en quelle qualité cette personne était intervenue au contrat; si c'est à titre de conjoint ou d'ascendant, dont le consentement est nécessaire au mariage, son absence à la contre-lettre s'oppose à sa validité; si c'est à titre de simple donateur, il sera permis de modifier le contrat à charge de renoncer à la donation.

Lorsque l'une des parties est interdite ou décédée, il faudra distinguer quelle était la qualité de cette même personne; si c'était un futur, tout est rompu ; si c'était un ascendant, père ou mère, il sera remplacé par un ascendant du degré supérieur, ou à défaut par le conseil de famille. Enfin si c'est un donateur, le changement ne pourra être fait, à moins de renoncer à la libéralité ou d'obtenir l'adhésion des héritiers.

Rien n'empêche, au reste, celui qui a été partie au contrat, de se faire représenter aux changements par un fondé de pouvoir, lequel ne peut représenter plus d'une partie à la fois. Il n'est pas nécessaire que la procuration spécifie les changements que peut consentir le mandataire. Il suffit que ses pouvoirs soient exprimés d'une manière générale.

§ 4. — Des conventions que peut renfermer le contrat de mariage, et de leur interprétation.

L'acte qui constate les conventions matrimoniales des époux

peut renfermer, en même temps, des donations faites, soit l'un des futurs à l'autre, soit par des tiers aux époux ou l'un d'eux. Ces donations sont soumises à des règles spécial tracées au titre des donations.

La liberté dont jouissent les futurs époux pour le règleme de leurs intérêts pécuniaires est, sous certains rapports, exe bitante du droit commun (Conf., art. 1525 et 1855; 1526 1837; 943, 944, 945, 946 et 947).

Cette liberté n'est toutefois pas absolue, ainsi les futurs peuvent modifier ni leurs rapports personnels ni les droits d ducation et d'administration sur la personne et les biens leurs enfants.

Serait nulle, toute clause par laquelle les futurs époux c viendraient, ou que le mari ne serait pas le chef de la comm nauté, ou que la femme n'aura pas besoin d'autorisation po ester en justice ou pour passer des acte juridiques. Cependa la femme peut, en se réservant la jouissance de certains bie s'en réserver aussi l'administration, et dans ce cas, elle a faculté de faire, sans l'autorisation de son mari, tous les ac relatifs à cette administration. On doit également regare comme nulle, la clause par laquelle le mari renoncerait droit de diriger l'éducation des enfants, et celle par laquelle femme renoncerait, en cas de survie, à son droit de tute légale. Serait sans efficacité civile, la convention de faire éle les enfants dans les dogmes de telle ou telle religion. Les épo ne peuvent faire aucune convention sur les objets qui ne s pas susceptibles de former matière à convention; par exemp sur une succession non encore ouverte, ni de rien stipuler contraire à l'ordre public ou aux bonnes mœurs.

Indépendamment des prohibitions fondées sur des mo d'ordre public, des raisons spéciales tirées de la nature de l' sociation conjugale, font interdire aux époux certaines conv tions: c'est ainsi que la loi prohibe expressément la convention par laquelle la femme s'interdirait la faculté de renoncer à la communauté ou abandonnerait d'une manière absolue son hypothèque sur les biens du mari.

C'est ainsi encore qu'elle défend aux époux de faire commencer la communauté, soit légale, soit conventionnelle, à une époque postérieure au jour du mariage.

Il est permis aux époux de subordonner leurs conventions matrimoniales à une condition suspensive ou résolutoire, pourvu que cette condition ne dépende pas de leur volonté, ou de celle de l'un deux.

Lorsque, en usant de cette faculté, les époux n'ont pas dit quel régime ils voulaient adopter, au cas où la condition suspensive a manqué, où la condition résolutoire s'est accomplie, ils doivent être censés s'être soumis au régime de la communauté légale, à moins que ce ne soit précisément ce régime dont l'adoption ait été subordonnée à cette condition. Dans cette dernière hypothèse, ils devront être considérés comme s'étant mariés soit sous le régime exclusif de la communauté, si le mari a eu en fait l'administration et la jouissance des biens de sa femme, soit sous le régime de la séparation de biens, si celle-ci a conservé l'administration et la jouissance de son patrimoine; duquel cas, on ne peut admettre que les époux soient soumis au régime dotal qui ne peut résulter que d'une déclaration expresse.

Lorsque les époux adoptent un des régimes dont la loi a tracé les règles, ils peuvent, soit reproduire ces règles en détail, soit indiquer sans autre explication le régime qu'ils entendent adopter. Si au contraire, les époux veulent se soumettre au régime établi par une ancienne coutume ou aux dispositions d'un ou de plusieurs de ces articles, ils ne peuvent le faire qu'en reproduisant littéralement le texte de ces coutumes, et il ne leur est pas permis d'établir en termes généraux que leur association sera régie par telle ou telle coutume. Les rédacteurs du Code ont pensé que l'unité de la législation nouvelle était intéressée à ce que de pareilles clauses fussent prohibées.

Le régime de communauté légale constituant le droit commun de la France, toutes les fois qu'on aura douté sur la portée des clauses contenues au contrat de mariage, ces clauses seront interprétées d'après les principes contenus au chap. 2 de notre titre.

COMMUNAUTÉ CONVENTIONNELLE.

Ainsi que nous l'avons dit plus haut, la plus grande latitude est laissée aux époux, à l'égard de leurs conventions matrimoniales. Ils ont donc le droit, tout en adoptant le régime de la communauté, d'en modifier les règles comme ils l'entendent. En traçant les règles des diverses clauses modificatives du régime de communauté, le législateur n'a pas voulu borner à ces seules modifications les conditions que les époux peuvent former; il a entendu seulement développer les règles des clauses les plus usuelles par lesquelles on déroge sous différents rapports au régime de communauté légale.

Le Code énumère dans l'art. 1497, huit clauses qui sont le plus ordinairement employées. Il consacre ensuite une section à chacune d'elles.

SECTION Ire.

De la communauté réduite aux acquêts.

Cette clause modifie la communauté légale, au point de vue de l'actif et du passif. Au point de vue de l'actif, en ce que les meubles présents et ceux acquis à titre onéreux par les époux, leur demeurent propres, au lieu de tomber dans la communauté.

L'actif de la communauté se compose : 1° des fruits ou revenus propres des époux, perçus ou échus depuis le mariage et avant la dissolution de la communauté ; 2° des bénéfices que les époux acquièrent par leur industrie ; 3° des biens acquis avec les économies faites sur les revenus ou les produits de leur industrie ; 4° de ceux qui leur sont donnés à la condition qu'ils tomberont dans la communauté.

Le trésor qui serait trouvé par l'un des époux, ne pouvant être considéré que comme pur don de fortune, lui demeure propre. Il en est de même de la part qui serait acquise à l'un des époux dans le trésor trouvé sur son propre fonds. Ce dernier cas, au surplus, ne forme pas une exception au droit commun pour ceux qui considèrent la part attribuée au propriétaire, dans le trésor trouvé sur son fonds, comme un accessoire de ce fonds, la déclare propre à l'époux propriétaire, sous le régime de la communauté légale.

La règle que chaque époux conserve la propriété de son mobilier présent et du mobilier futur, acquis à titre gratuit, souffre exception en ce qui concerne : 1° les choses dont on ne peut faire usage sans les consommer ; 2° de celles qui par leur nature sont destinées à être vendues ; 3° celles qui ont été estimées sans dire que l'estimation ne vaut pas vente. Dans ces divers cas, la communauté devient propriétaire de ces objets, et reste débitrice seulement de leur valeur.

La clause de communauté, réduite aux acquêts, modifie le régime de communauté légale, quant au passif, en ce qui touche les dettes mobilières et les dettes futures dépendant de successions, donations échues aux époux, et qui ne tombent pas dans la communauté.

Tout bien est réputé acquêt de communauté; lors donc qu'un époux prétend que tel bien lui appartient comme propre, c'est à lui de le prouver.

Comment font-ils cette preuve?

Si c'est le mari qui réclame, la preuve ne peut résulter que d'un inventaire ou état en bonne forme, par exemple, d'un état estimatif accompagnant une donation ou d'un compte de tutelle. Peu importe qu'il réclame un bien acquis antérieurement au mariage. S'il ne rapporte un inventaire ou état en bonne forme, l'objet réclamé reste dans l'actif de la communauté.

Lorsque la femme réclamera, on doit examiner si la réclamation porte sur un meuble dont elle prétend avoir eu la propriété antérieurement au mariage, la preuve de sa prétention ne peut résulter que d'un inventaire ou état en bonne forme. S'il s'agit d'un meuble acquis pendant le mariage, à titre de donation-succession, donation ou legs, elle pourra prouver son droit, tant par titre que par témoins et même par commune renommée.

SECTION II.

Exclusion de tout ou partie du mobilier.

L'exclusion de la communauté de tout ou partie du mobilier des époux, peut avoir lieu soit expressément, soit tacitement.

Elle a lieu expressément lorsque les futurs déclarent formellement se réserver propres, tout ou partie de leur mobilier. Cette convention est appelée clause de réalisation ou stipulation de propres.

Il y a exclusion tacite : 1° lorsque les époux conviennent de mettre en commun une certaine somme ou certains objets individuellement déterminés, le surplus de leur mobilier étant virtuellement exclu de la communauté ; 2° lorsque les époux déclarent mettre leur mobilier en communauté jusqu'à concurrence d'une certaine somme. Cette clause prend le nom de *clause d'apport*.

Exclusion expresse. — Cette convention tendant à modifier le régime de communauté, doit être entendue restrictivement. Ainsi, l'exclusion du mobilier futur ne s'étend point au mobilier présent. L'exclusion du mobilier et même de *tout* le mobilier ne doit généralement s'entendre *que* du mobilier présent. De même la clause qui réserve propre aux époux ce qui leur écherra par succession, ne s'applique pas à ce qui leur arrivera par donation ou legs.

Exclusion tacite. — Lorsqu'un des époux a déclaré mettre en communauté tels objets ou telle somme ou son mobilier jusqu'à concurrence de telle somme, le surplus, avons-nous dit, lui demeure propre. L'époux est seulement obligé à prouver que le mobilier qui est entré de son chef en communauté est égal à la somme promise. S'il ne fait cette justification, il est tenu d'apporter à la communauté, sur ses biens personnels, la valeur qu'il a promis de lui fournir. Cette justification résulte suffisamment quant au mobilier présent, pour le mari, de la déclaration portée au contrat de mariage, que son mobilier est de telle valeur, à moins cependant que la femme ne se fût réservé, dans le contrat, le droit d'exiger ultérieurement la justification de l'apport du mari.

L'apport de la femme est justifié, soit par une quittance séparée, donnée par le mari, soit par une déclaration explicite, insérée au contrat de mariage et reconnue par lui sincère.

Quant au mobilier qui échoit aux époux, durant la communauté, il doit être constaté par un inventaire auquel le mari est tenu de faire procéder ; à défaut de cet inventaire, la femme est admise à faire preuve, soit par titre, soit par témoin, soit même

même par commune renommée, de la valeur du mobilier qui lui est échue. Les héritiers ont le même droit.

De la cause d'ameublissement.

L'ameublissement est la convention par laquelle les époux font entrer tout ou partie de leurs biens mobiliers dans la communauté, Il peut être général ou particulier, déterminé ou indéterminé. Il est général s'il comprend tout ou quote-part de leurs immeubles; il est déterminé, lorsque les immeubles sont individuellement désignés.

L'ameublissement soit général, soit particulier est déterminé, lorsque les immeubles ont été mis en communauté d'une manière absolue, sans restriction à une certaine somme. Il est indéterminé, lorsque ces immeubles ne sont mis que jusqu'à concurrence d'une certaine somme.

Le Code ne mentionne pas la division de l'ameublissement en général et particulier que nous venons de reproduire d'après Pothier; de plus, l'art. 1506 considère comme étant déterminé l'ameublissement d'un tel immeuble jusqu'à concurrence d'une certaine somme, ameublissement qui, d'après ce que nous venons de dire, doit être regardé véritablement comme étant indéterminé. Cette erreur résulte d'une lecture trop peu attentive du texte de Pothier, qui ne donne comme exemple d'ameublissement indéterminé que le cas de l'ameublissement de tous les immeubles jusqu'à concurrence d'une certaine somme, parce que, sans doute, c'est le cas plus usité dans la pratique.

La clause d'ameublissement peut, suivant la volonté des parties, recevoir une extension plus ou moins grande; si elle comprenait tous les immeubles présents et à venir des époux, elle se confondrait avec la communauté universelle.

Elle doit toujours être interprétée restrictivement ; ainsi la convention d'ameublir tous ses immeubles ne comprendrait pas, cependant, les biens à venir ; de même, la promesse d'ameublir les immeubles futurs, ne s'étendrait pas aux immeubles présents.

L'un des époux peut ameublir tous ses immeubles sans que l'autre ameublisse aucune partie des siens.

Cette convention ne sera considérée comme donation, ni pour le fond ni pour la forme. Elle ne sera pas, par conséquent, soumise à réduction, à moins qu'elle ne tende à conférer à l'un des époux, au détriment des enfants nés d'un précédent mariage, un avantage dépassant la quotité disponible.

Des effets de l'ameublissement déterminé. — L'art. 1507 dit que l'effet de l'ameublissement déterminé est de rendre l'immeuble qui en est frappé, bien de la communauté comme les meubles mêmes.

Cette phrase est copiée dans Pothier, où elle présentait un sens exact, puisque, d'après la coutume de Paris (art. 225), le mari était *seigneur et maître* des meubles et conquêts, et pouvait en disposer, même par donation *à son plaisir et volonté.* Dans notre législation, il n'en est plus ainsi, puisque, d'après l'article 1422, le mari ne peut disposer entre vifs, à titre gratuit, des immeubles de la communauté. Il peut seulement les aliéner à titre onéreux et ne peut les donner que pour l'établissement des enfants communs.

Lorsque la clause d'ameublissement déterminé a pour objet un ou plusieurs immeubles individuellement désignés, l'époux qui a fait l'ameublissement est garant envers la communauté de l'éviction de ses immeubles ; il n'en est pas ainsi, lorsque l'ameublissement est général. En cas d'ameublissement particulier, les époux restent, quant à leurs dettes, sous l'empire du droit commun. Cependant, il n'est pas dû récompense à la communauté pour les dettes relatives aux immeubles ameublés qu'elle aurait acquittés.

Des effets de l'ameublissement indéterminé. — Cet ameublissement ne confère à la communauté qu'un simple droit de créance, avec assignation sur tout ou partie des immeubles. En vertu de cette règle, l'époux qui aura ameubli, sera tenu, lors de la dissolution de la communauté, de comprendre, soit tous les immeubles, soit une partie seulement dans la communauté, et cela jusqu'à concurrence de la valeur promise, à moins qu'il ne préfère les retenir, en faisant raison à la communauté de la somme pour laquelle ils ont été ameublis (art. 1509, *a fortiori*). La femme ne pourra s'affranchir de l'obligation de faire tomber ses biens ameublis en renonçant à la communauté. La communauté n'acquérant pas un droit de propriété, le mari ne pourra aliéner l'immeuble qu'en vertu d'un mandat de la femme; il lui sera néanmoins permis de l'hypothéquer jusqu'à concurrence de la somme promise.

Lorsque le bien ameubli aura péri, la perte sera à la charge de la communauté; s'il a seulement perdu de sa valeur, la communauté n'aura rien à réclamer à l'époux du chef duquel il a été ameubli.

La perte de l'immeuble est à la charge de la communauté; s'il est détérioré, la communauté ne souffre de la détérioration, qu'autant que ce qui en reste est inférieur à la valeur promise.

L'époux sera garant de l'éviction, si l'ameublissement indéterminé est particulier; il ne le sera pas dans le cas contraire.

Lorsque l'immeuble aura été vendu pour une valeur plus considérable que celle pour laquelle il avait été ameubli, l'époux aura droit au surplus du prix.

La clause d'ameublissement paraît présenter, au premier abord, une certaine analogie avec la clause d'apport ; elle en diffère cependant d'une manière notable. En effet, si l'un des époux s'est engagé à mettre dans la communauté telle somme, pour le payement de laquelle il affectait les immeubles ou tels immeubles, la perte de ces immeubles ne le libérera pas de son obligation ; tandis que dans le cas d'ameublissement indéterminé, si les immeubles sur lesquels porte l'assignation venaient à périr, l'époux serait libéré ; car, ce sont plutôt les immeubles ameublis que lui-même (si l'on peut parler ainsi), qu'il a entendu obliger.

L'époux qui a ameubli pourra reprendre ses immeubles en faisant raison à la communauté de leur valeur ; à plus forte raison pourrait-il, lorsqu'il a ameubli des immeubles pour une valeur plus considérable que celle qu'il avait promis d'apporter à la communauté, indiquer sur quels immeubles il entend faire porter de préférence l'ameublissement.

SECTION IV.

De la clause de séparation de dettes.

Dans cette section, le Code traite tout à la fois de la séparation de dettes et d'une autre clause qui s'en rapproche sous plusieurs rapports et porte le nom de *déclaration de franc et quitte*.

1° *De la séparation de dettes.* — Cette clause ne s'entend que des dettes contractées avant le mariage. Sera réputée antérieure à la célébration du mariage, toute dette dont la cause est antérieure à la célébration, lors même qu'elle est subordonnée à une condition qui ne se réalise que pendant le mariage.

De même, les dettes contractées avant le mariage sont exclues de la communauté, bien qu'elles n'aient été liquidées que depuis le mariage; tels seraient les frais auxquels serait condamné l'un des époux, par suite d'un procès antérieurement commencé; telles seraient encore les condamnations prononcées après le mariage pour réparation civile d'un délit commis avant la célébration.

Il y aurait peut-être plus de difficulté, dans le même cas, à l'égard de l'amende; car ce n'est que par la sentence de condamnation qu'il en devient débiteur; mais on doit reconnaître toutefois que la dette de l'amende avait dans le délit un germe antérieur au mariage, et que, par conséquent, cette dette doit être exclue également de la communauté.

Il en serait autrement s'il s'agissait d'une succession mobilière, acceptée pendant le mariage, mais dont l'ouverture remonterait à une époque antérieure. On doit présumer, en effet, que l'époux appelé à une succession qu'il n'a point encore acceptée, n'a entendu mettre dans la communauté le mobilier dépendant de cette succession, que déduction faite des dettes dont elle se trouverait grevée.

Au surplus, la clause de séparation de dettes s'applique non-seulement aux dettes des époux envers les tiers, mais encore à celles de l'un des époux envers l'autre.

Les intérêts échus des dettes antérieures à la célébration du mariage ou postérieures à la dissolution de la communauté, ne seront plus à la charge de cette même communauté. Quant à ceux qui ont couru pendant le mariage, la communauté en est de son chef entièrement tenue, parce qu'ils sont la charge des revenus.

Il convient d'examiner l'effet de la séparation de dettes : 1° à l'égard des conjoints entre eux; 2° à l'égard des créanciers.

A l'égard des conjoints entre eux, la convention a pour effet de donner à la communauté droit à une récompense pour le montant des dettes qu'elle aurait acquittées.

A l'égard des créanciers, il faut distinguer, s'il s'agit des dettes du mari ou de celles de la femme ; s'il s'agit des dettes du mari, la clause de séparation de dettes ne forme point obstacle à ce que ses créanciers puissent poursuivre leur payement sur tous les biens de la communauté, sans distinction des objets qui y sont tombés du chef du mari et de ceux qui y sont tombés du chef de la femme. En effet, le mari pouvant disposer des biens de la communauté d'une manière à peu près absolue, et les employer notamment à l'acquit de ses dettes, ses créanciers ont nécessairement le même droit, en vertu de l'art. 1166.

S'il s'agit des dettes de la femme et qu'il y ait eu inventaire ou état authentique du mobilier tombé dans la communauté, les créanciers de la femme pourront néanmoins poursuivre la communauté, jusqu'à concurrence de son apport. S'il n'y avait pas eu d'inventaire ni d'état estimatif, ils pourraient se pourvoir indistinctement sur tous les biens de la communauté.

2° *De la clause de franc et quitte.* — On appelle ainsi la convention par laquelle l'un des époux se déclare lui-même, ou est déclaré par un tiers, franc et quitte de toute dette antérieure au mariage.

Cette clause, quoique stipulée le plus souvent sous le régime de la communauté, pourrait l'être, cependant, sous le régime dotal ou sous le régime exclusif de la communauté.

Elle diffère de la séparation de dettes, sous deux points principaux : 1° la communauté qui a payé les dettes dont l'époux déclaré franc et quitte se pourrait trouver grevé, aurait droit, non-seulement au recouvrement du capital, mais encore des intérêts, tandis que pour la clause de séparation de dettes, il n'en est point ainsi.

La clause de franc et quitte ne sera point opposable aux créanciers et ils pourront se pourvoir, nonobstant inventaire, sur tous les biens de la communauté ; nous avons vu, au con-

traire, que la séparation de dettes pouvait être invoquée contre
les créanciers de la femme, toutes les fois qu'il a été fait inventaire.

Dans l'ancien droit, la clause de franc et quitte différait
encore davantage de la clause de séparation de dettes. En
effet, cette clause, qui n'intervenait jamais qu'entre un tiers
ascendant, au nom de l'un des conjoints, et l'autre conjoint,
était regardée comme étrangère à la communauté, et restait
sans effets dans les rapports des époux entre eux. Le conjoint
de l'époux déclaré franc et quitte avait seulement action contre
le tiers déclarant; ce dernier avait toutefois recours contre l'é-
poux déclaré franc et quitte.

Nous avons dit que la déclaration pouvait être faite, soit par
l'un des conjoints, soit par un tiers. Si elle a été faite par l'un
des époux, et si néanmoins la communauté a été poursuivie
pour les dettes de cet époux, son conjoint a droit, à la dissolution de la communauté, à une indemnité qui se prend sur
la part de communauté revenant à l'époux débiteur, soit sur
les biens personnels dudit époux. Si elle a été faite par un
tiers, le conjoint de l'époux déclaré franc et quitte aura
recours non-seulement, comme dans le cas précédent, contre
son conjoint, mais aussi contre ce tiers. Et même, si c'est la
femme qui a été déclarée franche et quitte, le recours du mari
pourra être exercé contre les tiers avant la dissolution de la
communauté, sauf le droit pour ces tiers de se faire indemniser par la femme, lorsque la communauté sera dissoute. Si le
mari n'a pas usé de cette faculté, il ne peut, bien entendu,
après la dissolution de la communauté, poursuivre le tiers,
qu'autant que son conjoint serait insolvable. En effet, ce tiers
n'est qu'un garant qui ne doit payer qu'autant que le garanti
se trouve dans l'impossibilité de le faire.

Le préjudice que peut éprouver le conjoint de l'époux déclaré faussement franc et quitte peut consister, soit en ce que la communauté ayant eu à payer les dettes de son conjoint, sa part se trouve par là même diminuée d'autant ; soit en ce qu'il lui est impossible de se couvrir de ses reprises ou indemnités, par suite de l'insuffisance des biens de la communauté. Dans l'ancienne jurisprudence, tous les auteurs accordaient unanimement à l'époux qui souffrait ce dernier préjudice, le droit de s'en faire indemniser par le tiers qui avait déclaré son apport franc et quitte. Quant au premier préjudice, au contraire, la plupart des auteurs donnait une solution différente ; solution qui était, sans doute, une conséquence du principe d'après lequel on considérait la clause de franc et quitte comme étrangère à la communauté.

Aujourd'hui cette décision ne peut plus être suivie, puisque les rédacteurs du Code sont partis d'un principe opposé. La généralité des termes de l'art. 1513 la repousse d'ailleurs évidemment.

D'après l'art. 1511, lorsque les époux apportent dans la communauté une somme certaine ou un corps certain, un tel apport emporte la convention tacite qu'il n'est point grevé de dettes antérieures au mariage, et il doit être fait raison par l'époux débiteur à l'autre, de toutes celles qui diminueraient l'apport promis.

Cette disposition est considérée généralement comme une clause tacite de *séparation de dettes*, mais il semble qu'elle devrait être regardée plutôt comme une *clause tacite de franc et quitte*.

En effet, si c'était une clause de *séparation de dettes*, les créanciers de la femme qui auraient promis d'apporter, dans la communauté, une certaine somme, ne devraient avoir le droit de poursuivre leur payement que sur les choses apportées par la femme dans la communauté, à la condition, bien entendu, qu'il aurait été fait inventaire. Or, notre article ne dit rien de semblable, et il ne reproduit pas à cet égard la disposition de l'art. 1510 (2° alinéa). De plus, il faudrait dire également que les intérêts et arrérages qui ont couru depuis le mariage, et que la communauté a acquittés, ne donneraient pas lieu à récompense (voy. art. 1512); et cependant si la communauté restait ainsi chargée définitivement de ses intérêts et arrérages, recevrait-elle en réalité tout ce qui lui a été promis, et l'apport de l'époux débiteur ne se trouverait-il pas ainsi réduit à une somme moindre que celle qu'il devait mettre effectivement dans la communauté ?

En tout cas, remarquons une inexactitude de rédaction dans l'art. 1511, qui dit que l'époux débiteur doit faire raison, à son conjoint, des dettes qui diminueraient l'apport promis, tandis que c'est réellement à la communauté que la récompense est due.

SECTION V.

De la faculté accordée à la femme de reprendre son apport franc et quitte.

Il est permis à la femme de se réserver, par une clause du contrat de mariage, le droit de reprendre, en cas de renonciation à la communauté, son apport franc et quitte.

Cette convention, dérogeant au droit commun, doit toujours être entendue restrictivement, soit quant aux objets dont la reprise peut être exercée, soit quant aux personnes qui peuvent se prévaloir de la clause. Il en résulte : 1° que si, par exemple, il a été stipulé que l'apport de la femme pourrait être repris franc et quitte, elle ne devra s'appliquer qu'aux biens présents ; 2° que s'il s'agit de ce qui proviendra de succession, on n'y comprendra pas ce qui arriverait par legs ou donation, et réciproquement; 3° que la clause de reprise d'apports, stipulée en faveur de la femme, ne s'applique point à ses enfants; si elle l'a été aussi en faveur des enfants et des ascendants, elle ne s'étendra point aux collatéraux. Si toutefois elle avait été stipulée pour les collatéraux, elle s'étendrait aux enfants et aux ascendants. Au reste, la personne à qui compète la reprise d'apport transmet son droit à tous ses successeurs universels. Les créanciers pourront aussi l'exercer en son nom.

Il arrive parfois que des personnes qui ne pourraient, par elles-mêmes, invoquer le bénéfice de cette clause, pourront profiter cependant de la reprise d'apport, exercée par une autre personne à qui elle a été réservée; ainsi, par exemple, des enfants du premier lit, en cas de prédécès de la mère, pourront venir en partage avec les enfants du second lit, en faveur desquels seulement a été stipulée cette clause.

L'apport ne se reprend pas en nature, mais seulement en valeur; car les biens qui le composent sont tombés dans la communauté, qui peut en disposer.

La clause de reprise d'apport franc et quitte n'est point opposable aux créanciers; de plus, la femme est obligée de faire compte à son mari des dettes qui grevaient son apport et que la communauté a payées, ainsi que de celles dont elle est débitrice envers la communauté, nonobstant sa renonciation.

Les intérêts des sommes, enfin, peuvent être dues à la femme, en vertu de ce droit de reprise ne courant qu'à partir de la demande en justice.

SECTION VI.

Du préciput conventionnel.

Le préciput est la clause par laquelle les époux conviennent qu'à la dissolution de la communauté, l'un d'eux pourra, hors partage, prélever une certaine somme ou certains objets déterminés.

Cette convention peut être faite à l'avantage soit de l'un, soit de l'autre conjoint, en cas de survie, ou même purement et simplement.

Le préciput, dit l'art. 1516, n'est pas regardé comme libéralité sujette aux formalités des donations, mais comme une convention de mariage.

On ne voit pas quelles peuvent être les formalités des donations dont le préciput est dispensé. En effet, quant à l'acte notarié qui est exigé pour les donations, il l'est également pour le contrat de mariage ; d'une autre part, l'acceptation expresse est bien exigée en matière de donation, mais non en matière de donation faite par contrat de mariage. De même l'état estimatif des meubles donnés, qui est de droit commun, ne peut être exigé ici, puisqu'il s'agit de biens à venir.

En quoi donc consiste cette dispense de formalités? Elle ne peut s'expliquer qu'historiquement. Elle a été copiée dans Pothier, où elle signifiait que le préciput n'était pas soumis à l'insinuation, quoique à l'égard des enfants d'un premier lit il fût considéré comme une donation.

De la disposition de l'art. 1516, certains auteurs ont conclu *a contrario* que le préciput constituait une *véritable donation*, quant au fond, et qu'en conséquence, il est comme toute disposition à titre gratuit, soumis à réduction au profit de tout héritier à réserve, sans distinction ; mais il ne nous paraît pas qu'il en soit ainsi. En effet, les rédacteurs du Code ont évidemment voulu reproduire ici l'opinion de Pothier, dans son Traité de la communauté. Or, il résulte de la lecture du passage de Pothier, que ce jurisconsulte ne considère le préciput conventionnel comme un avantage, que relativement aux enfants d'un précédent mariage. Cette interprétation de l'art. 1516 est, au reste, conforme à l'esprit général du Code, pour les conventions qui ont pour objet de modifier les effets de la communauté légale. Elle se justifie également par un argument *a fortiori* de l'art. 1525. Cette clause devra être interprétée restrictivement. Si la femme, par exemple, s'est réservé le droit de prélever ses vêtements, elle ne pourra prélever ses joyaux.

Si cette clause est illimitée, c'est-à-dire si elle s'étend à tous les objets d'une même nature qui se trouveront dans la communauté au jour du décès, les héritiers pourront demander la restriction *arbitrio judicis*, et notamment des objets achetés par l'époux dans sa dernière maladie et destinés à entrer dans le préciput de l'autre époux.

A moins de convention spéciale, la femme ne peut exercer ce droit qu'en cas d'acceptation de la communauté.

Si la communauté est absorbée par les dettes, le préciput sera caduc. Si elle n'est absorbée qu'en partie, le préciput ne recevra son effet qu'en partie. Les créanciers pourront exercer leur droit, même sur les objets spécialement compris dans le préciput. La femme pourra recourir contre la part du mari dans la communauté, mais non contre ses biens propres, à moins qu'elle n'ait stipulé le préciput, même en cas de renonciation.

Ce droit s'ouvrira, et par la mort naturelle, et par la mort civile. Si ce préciput était stipulé en cas de survie et que les deux époux mourussent dans un même événement, sans qu'on pût savoir lequel a péri le premier, la clause sera caduque.

Les présomptions de survie admises en matière de succession ne doivent pas être appliquées ici. En effet, les présomptions légales ne s'étendent pas d'un cas à un autre.

La séparation de corps, non plus que la séparation de biens, ne devra pas donner ouverture à l'ouverture du préciput. Néanmoins la femme, en cas de séparation de biens et même de séparation de corps, si c'est elle qui l'a obtenue, est autorisée, dans le cas où le préciput aurait été stipulé à son avantage, à exiger caution du mari pour la sûreté de la moitié de son préciput. Si le mari ne peut ou ne veut fournir caution, la femme pourra exiger qu'il dépose une somme équivalant à la moitié de son préciput, à la caisse des dépôts et consignations.

Dans le cas où le préciput serait stipulé en faveur du mari, on devrait peut-être admettre, par réciprocité, qu'il pourrait demander à la femme caution pour moitié de la valeur du préciput, dans le cas où il survivrait. Toutefois, la loi est muette à cet égard.

L'époux contre lequel est obtenue la séparation de corps est, comme indigne, déchu de son droit au préciput.

SECTION VII.

Des clauses par lesquelles on assigne à chacun des parts inégales dans la communauté.

D'après la règle générale, à la dissolution de la communauté, la masse commune est partagée par moitié entre les deux époux ou leurs héritiers.

L'article 1520 nous indique, mais non d'une manière limitative, trois clauses qui viennent modifier cette règle.

1° Les époux peuvent convenir que l'un d'eux aura une part plus ou moins forte que la moitié. Cette clause peut être stipulée pour ou contre le mari, s'il survit, pour ou contre la femme si elle survit, pour ou contre l'époux survivant. Elle peut aussi être faite purement et simplement, ou sous condition.

Elle devra en tous cas être entendue restrictivement ; si donc elle a été stipulée purement et simplement pour ou contre l'un des conjoints, elle ne s'étendra pas à ses héritiers, et si ce conjoint prédécède, l'on retombera sous l'empire des dispositions légales.

Si les époux ont admis une pareille dérogation à la règle du partage égal de l'actif de la communauté, il y a, par cela même, dérogation à la règle en vertu de laquelle le passif est également supporté par moitié. L'époux qui prend les deux tiers de l'actif, devra donc payer les deux tiers des dettes. Toute convention contraire serait nulle et l'on retomberait alors sous l'application pure et simple du droit commun.

Lorsque la femme aura stipulé le droit de prélever une part plus forte que moitié, elle n'en jouit pas moins du droit de renoncer; cette faculté s'étendra aussi à ses héritiers.

S'il a été assigné au survivant ou aux héritiers du prémourant, une part plus forte ou moindre que la moitié, cette convention ne reçoit son exécution qu'après le décès de l'un des époux. Il en est de même si l'on a donné à tel époux, en cas de survie, une part plus forte que la moitié. Si donc une séparation est intervenue, la communauté se partagera provisoirement par moitié, et la femme pourra exiger une caution pour la reprise éventuelle de ses droits.

Le droit stipulé en faveur de la femme de prélever une part plus forte que la moitié ne lui enlève pas la faculté de renoncer, ou de n'être tenue que jusqu'à concurrence de son émolument, si elle se décide à accepter. Cette faculté s'étend aussi à ses héritiers.

2° Les époux peuvent convenir aussi, que l'un d'eux ou ses héritiers ne pourront réclamer qu'une certaine somme pour tous droits de communauté. Cette clause qui constitue un véritable forfait, pourra se présenter sous cinq formes différentes :
A. Le mari, s'il survit, prendra toute la communauté, à charge de payer une certaine somme aux héritiers de la femme ; si le mari prédécède, la clause est nulle et l'on retombe sous l'empire

du droit commun ; s'il périt , il devra acquitter la somme convenue , que la communauté soit suffisante ou non à la payer. La femme néanmoins reste débitrice des récompenses et indemnités qu'elle peut devoir à la communauté ou au mari , et elle demeure obligée envers les créanciers, au payement des dettes qui procèdent de son chef, et qui ont été payées par le mari. B. Si la femme survit , elle prendra la communauté et payera une certaine somme aux héritiers du mari. Tout ce que nous venons de dire s'applique ici. Il faut ajouter que la femme n'en jouit pas moins des droits mentionnés aux art. 1453-1483. C. Si la communauté a été réservée à celui des conjoints qui survivra, on devra se régler d'après les principes ci-dessus exposés, suivant que le survivant sera le mari ou la femme. D. Si la communauté a été réservée au mari survivant ou à ses héritiers, à charge de payer une certaine somme à la femme ou à ses héritiers, on devra se régler d'après les principes exposés dans notre première espèce, à cela près que la clause, étant stipulée dans l'intérêt des héritiers du mari aussi bien que du mari lui-même, n'est pas exposée à devenir caduque. E. La communauté restera à la femme ou à ses héritiers, sauf à payer tant au mari ou à ses héritiers. La solution devra être la même que dans le cas précédent ; à cela près que la femme et ses héritiers jouissent toujours des droits qui leur sont conférés par les art. 1453-83.

3° Les époux peuvent convenir que la communauté toute entière appartiendra à l'un d'eux, s'il survit, soit au survivant, soit aux héritiers du prémourant. Cette clause ne constitue point une donation, sauf application de l'art. 1527.

La convention qui confère toute la communauté à l'un des époux, survivant ou non , serait exclusive de toute idée de communauté ; l'autre époux n'ayant alors aucune chance d'avoir part à cette communauté.

La clause par laquelle on attribue toute la communauté à l'un des conjoints, emporte virtuellement, pour l'autre conjoint, la faculté de reprendre ses apports, déduction faite des dettes qui les grevaient. Si les époux étaient convenus du contraire, cette stipulation ne serait pas nulle, mais elle constitue, quant à l'apport de l'époux qui est privé de toute part dans la communauté, une véritable donation, soumise à réduction au profit de tous les héritiers à réserve indistinctement.

SECTION VIII.

De la communauté universelle.

La clause par laquelle des associés conviendraient de mettre en commun tous leurs biens, même ceux qui leur écherraient à titre gratuit, prohibée dans une société ordinaire, est permise par contrat de mariage. Les époux peuvent faire entrer dans la communauté, ou tous leurs biens présents et à venir, meubles et immeubles, ou leurs biens présents seulement, ou seulement leurs biens à venir. Elle doit, en général, être entendue restrictivement.

La clause par laquelle les époux conviennent de mettre en commun leurs biens, meubles et immeubles, n'est censée se référer qu'aux biens présents, à moins que cette clause ne doive recevoir une interprétation plus large, par suite de la combinaison avec les autres stipulations que renferme le contrat de mariage. A l'inverse, si les époux ont stipulé que les immeubles qui leur arrivent par succession ou donation tomberont dans la communauté, leurs immeubles présents en seront exclus.

La communauté ne sera réputée donation ni pour le fond ni

pour la forme et n'est pas, par conséquent, sujette à réduction, sauf application de l'art. 1527.

Lors même que les époux auraient stipulé une communauté universelle de tous leurs biens présents et à venir, certains objets devraient toujours rester en dehors de cette communauté ; ce sont : 1° les meubles qui à raison de leur nature, ont été exclus de la communauté légale ; 2° les objets donnés aux époux ou à l'un d'eux par des tiers, à condition qu'ils ne tomberaient pas dans la communauté. Ces objets seraient, dans ce cas, susceptibles de subrogation.

Les rapports des époux, soit entre eux, soit avec les tiers, sont sous ce régime soumis aux mêmes règles que sous la communauté légale ; ainsi le mari peut aliéner à titre onéreux les immeubles de la communauté sans distinction de leur origine.

La communauté recueillant tout l'actif des époux, doit, par cela même, supporter leur passif ; et par la même raison les dettes qui grèvent une donation faite à l'un des époux, à la condition qu'elle lui demeurera propre, restent à la charge de cet époux.

Le partage de la communauté se doit faire d'après les règles ordinaires ; toutefois, l'époux du chef duquel un immeuble est entré dans la communauté, a droit de le retenir lors du partage, en offrant de précompter sa valeur. En cas de renonciation, la femme perd tout droit, même sur les immeubles entrés de son chef dans la communauté.

THÈSES.

I. La contre-lettre que le notaire a négligé de transcrire à la suite d'une expédition du contrat de mariage, n'en est pas moins valable à l'égard des tiers, sauf leur recours contre le notaire.

II. On ne peut considérer comme partie au contrat de mariage et comme devant en conséquence figurer à la contre-lettre, les ascendants des époux majeurs de vingt-un ans.

III. Les époux sous le régime de la communauté réduite aux acquêts, ou d'exclusion de tout ou partie du mobilier, conservent, sauf exception, la propriété du mobilier exclu, et ne sont pas seulement créanciers de sa valeur.

IV. L'exclusion totale ou partielle du mobilier entraîne implicitement l'exclusion des dettes mobilières dans la même proportion.

V. En cas d'ameublissement déterminé d'un ou de plusieurs immeubles nominativement désignés, l'époux qui a fait cet ameublissement est garant de l'éviction envers la communauté.

VI. En cas d'ameublissement particulier, les époux restent, quant à leurs dettes, sous l'empire du droit commun; seulement, ils ne devront pas récompense à la communauté pour leurs dettes mobilières relatives aux immeubles ameublis que celle-ci aurait acquittées.

VII. La clause de séparation de dettes n'est point opposable durant la communauté aux créanciers du mari.

VIII. La clause de reprise, d'apport franc et quitte, en cas de renonciation stipulée au profit de la femme et de ses héritiers, ne s'étend pas à son enfant naturel, ni à l'État appelé à recueillir la succession de la femme à défaut de parents au degré successible.

IX. La clause de préciput ne constitue une donation ni quant à la forme, ni quant au fond.

Vu par le Président de la thèse,
VUATRIN.

Vu par le Doyen,
C.-A. PELLAT.

www.ingramcontent.com/pod-product-compliance
Lightning Source LLC
Chambersburg PA
CBHW071755200326
41520CB00013BA/3270